AF191191

No se permite la reproducción total o parcial de esta obra, ni su incorporación a un sistema informático, ni su transmisión en cualquier forma o por cualquier medio (electrónico, mecánico, fotocopia, grabación u otros) sin autorización previa y por escrito de los titulares del copyright. La infracción de dichos derechos puede constituir un delito contra la propiedad intelectual.

Oráculo de la Ley de la Atracción ISBN 9788411744010 © Grete Stars, 2023

Impresión y editorial: BoD – Books on Demand

info@bod.com.es - www.bod.com.es

Impreso en Alemania – Printed in Germany

Oráculo de la Ley de la Atracción

 Grete Stars

La **Ley de Atracción** es una potente fuerza que atrae hacia nosotros aquello que deseamos o tememos. Para usarla a tu favor:

- Define y **enfócate en lo que «sí quieres»** y no en lo que «no quieres».
- **Siente, visualiza y actúa** como si aquello que deseas ya forma parte de tu realidad.

Tu **Oráculo** te mostrará la respuesta que buscas y el pensamiento sobre el que debes concentrarte para alcanzar tu deseo.

Ahora podrás unir el Poder de la Ley de la Atracción con el del Cosmos y transformar tu vida para siempre.

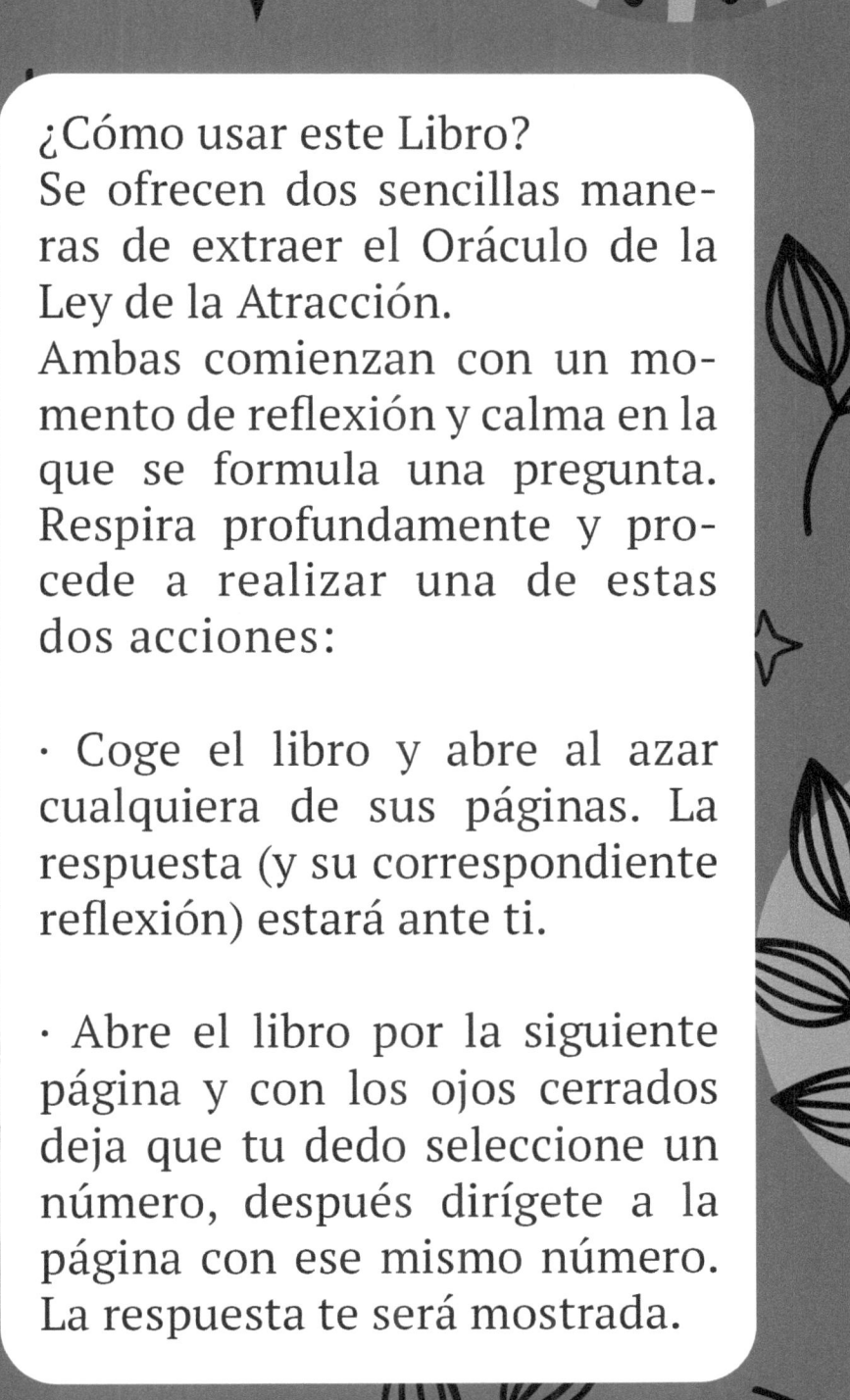

¿Cómo usar este Libro?

Se ofrecen dos sencillas maneras de extraer el Oráculo de la Ley de la Atracción.

Ambas comienzan con un momento de reflexión y calma en la que se formula una pregunta. Respira profundamente y procede a realizar una de estas dos acciones:

· Coge el libro y abre al azar cualquiera de sus páginas. La respuesta (y su correspondiente reflexión) estará ante ti.

· Abre el libro por la siguiente página y con los ojos cerrados deja que tu dedo seleccione un número, después dirígete a la página con ese mismo número. La respuesta te será mostrada.

Céntrate hacia dónde quieres ir, no en lo que temes.

Tomo conciencia de mis pensamientos y los elijo cuidadosamente, porque soy la obra maestra de mi propia vida.

Si no puedes dejar de pensar en algo, no dejes de trabajar en ello.

Todo lo que planto
en mi mente
subconsciente y nutro con la
repetición y la emoción,
un día se convertirá
en realidad.

Estás destinado a cimas mas bellas. Déjalo correr.

La riqueza no es lo
que tengo.
Es lo que soy.

Es sencillo: sólo haz que ocurra.

Doy el primer paso con fe. No me preocupo si no puedo ver la escalera, sólo daré el primer paso.

4

No te conformes con lo que necesitas, lucha por lo que te mereces.

Permito que la abundancia infinita del Universo llueva sobre mí.

5

Debes hacer aquello que crees que no puedes hacer.

Soy la energía que quiero atraer.

La respuesta es *NO*.

El Universo entero trabaja
a mi favor, sólo debo
creerlo.

La vida te dará todo lo que creas merecer. ¿Lo mereces?

Todo lo que estoy buscando me está buscando a mí.

8

Hay algo en ti que el mundo necesita. Avanza sin dudar.

Elijo ser positivo.
Yo tengo esa opción, soy el dueño de mi actitud.
El optimismo es el hilo conductor hacia el éxito.

9

El momento no es propicio para actuar pero sí para meditar en profundidad.

La vibración de mis pensamientos y emociones crean mi realidad.

10

Un viaje de diez mil kilómetros empieza por un solo paso. Da ese paso ahora.

Si lo veo en mi mente, lo tendré en mis manos.

Haz algo hoy que tu futuro yo te agradezca. Tú Yo superior sabe lo que es.

Todo lo que quiero está ahí fuera esperando que lo pida. Todo lo que quiero también me busca.

12

Si buscas resultados distintos, no hagas siempre lo mismo.

Lo que soy es lo que
he sido.
Quien voy a ser es lo que
hago ahora.

Una tranquila perseverancia traerá éxito.

Cualquier idea, plan o propósito puede ser colocado en la mente gracias a la repetición del pensamiento.

Si la montaña que subes parece cada vez más imponente es que la cima está cada vez más cerca.

Quien desea el éxito siempre debe tener imaginación para vivir, moverse, pensar y actuar como si hubiera ganado ese éxito, o nunca lo ganará.

15

Visualiza con todo tu ser esa meta y actúa en 3 días.

No hay límite para lo que la ley de la Atracción puede hacer por mí si me atrevo a creer en mi propio ideal como un hecho ya logrado.

Ninguna vida está completa sin un toque de locura. Arriésgate.

Sigo a mi felicidad y
el Universo abrirá las puertas
donde había muros.

Aquel que lo piensa mucho antes de dar un paso, se pasará toda su vida en un solo pie.

Ten fe.
Cree en lo invisible.

18

El que no cree en la magia, nunca la encontrará.

A través del pensamiento,
aquello que deseo
se acerca a mí.
Por la acción, lo recibo.

19

Te esperan mayores logros. La respuesta es NO.

La naturaleza no se apresura, pero todo lo cumple.

20

Las dificultades no existen para hacerte renunciar sino para hacerte más fuerte.

Todos poseemos más poder y mayores posibilidades de las que nos damos cuenta. Visualizarlas es uno de los poderes más grandes que tenemos.

21

Si no hay cambios, no hay mariposas.

Aquello a lo que
me resisto, persiste.

22

¿Cuándo fue la última vez que hiciste algo por primera vez? Salte del camino trillado.

Todo lo que mi mente puede concebir, lo puedo lograr.

23

No.
Pon tu mirada en otra meta.

Mis pensamientos me llevan
a mis propósitos.
Mis propósitos a mis acciones.
Mis acciones a mis hábitos.
Mis hábitos a mi carácter
y mi carácter
determina mi destino.

24

Es propicio avanzar a pesar de las dificultades.

Todo está en mis manos. No importa dónde esté ahora, no importa lo que ha ocurrido en mi vida, puedo comenzar a elegir conscientemente mis pensamientos y puedo cambiar mi vida.

No busques el momento perfecto, solo busca el momento y hazlo perfecto.

Si lo crees, lo creas.

26

Tu mejor profesor es tu mayor error. La respuesta está en el pasado.

La clave de la abundancia es enfrentar experiencias limitativas con pensamientos sin límites.

Si no es ahora, ¿cuándo? Adelante.

Doy gracias por todo lo que recibo, por todos los regalos que llegan a mi vida.

28

Con dudas no es conveniente avanzar.

Soy una persona exitosa y próspera y todo el Universo me apoya.

29

El momento que da más miedo es siempre justo antes de empezar. No dudes.

Todo llega a mi vida en el momento oportuno.
Todo llega para mi mayor bendición.

Parece imposible hasta que se hace.

Lo recibo, lo merezco y lo bendigo con los brazos abiertos y me preparo para más.

No puedes jugar
a ser Dios
sin conocer bien
al demonio.
Es tiempo
de reflexión.

Soy un imán que atrae la
felicidad, el amor, la salud
y la prosperidad.

Da el primer paso.

Merezco todas las cosas maravillosas que suceden en mi vida, las agradezco y las disfruto.

Si dudas, apaga el ruido y escucha tu corazón.

El amor está en mí y en cada persona que me rodea, en cada persona con la que hablo y en cada persona con la que tengo contacto o establezco una relación.

34

Si juzgas, no podrás amar. Confía en los demás.

La riqueza del Universo es infinita y se manifiesta cada día en mi vida.

Eres lo que haces, no lo que dices que harás. La respuesta es Sí.

Mi mundo interior crece, mis visualizaciones de prosperidad son claras y mis emociones vibran en las frecuencias más altas.

Todo lo que necesitas para ser feliz se encuentra al otro lado de tus miedos.

Siento alegría, gozo, felicidad, paz, tengo certeza que mis deseos están alineados con el Universo.

No tienes que ser grande para empezar. Pero tienes que empezar para poder ser grande.

Tengo un espíritu luminoso y felíz, todas las puertas están abiertas para mí.

38

No todo lo que parece ser, es. Cautela.

Agradezco a todas las personas que me enseñan algo y enriquecen mi vida.

El pesimista ve dificultades en cada oportunidad.
El optimista ve oportunidades en cada dificultad.
¿Quién quieres ser?

Cada día creo mi propia vida, decido mi propósito y diseño la misión para mi mundo y el Universo.

NOTAS

NOTAS

NOTAS

NOTAS